# SIMPLE QUESTION

## D'UN ÉLECTEUR

### A

# M. DE CORMENIN.

IMPRIMERIE ET FONDERIE DE FAIN,
Rue Racine, n. 4, Place de l'Odéon.

# SIMPLE QUESTION

## D'UN ÉLECTEUR

### A

# M. DE CORMENIN,

### A PROPOS DE

## L'ÉTAT DE LA QUESTION.

# PARIS,

CHEZ DELAUNAY, Palais-Royal.
BARBE, galerie de l'Odéon.
BLOSSE, Passage du Commerce.
LAINE, galerie Véro-Dodat.

—

## 1839.

# A M. DE CORMENIN.

---

## PRÉAMBULE [*].

Vous êtes, Monsieur, vicomte et député, je ne suis qu'un simple électeur; vous avez dédaigné l'hon-

[*] Tous les passages *italiques* sont textuellement extraits de la brochure de M. Cormenin, intitulée : Etat de la question.

1.

neur de faire la Charte, mais vous voulez bien vous en contenter; moi, je l'ai trouvée suffisante, et je l'ai acceptée religieusement ; vous êtes enfin un pamphlétaire en renom, et je ne suis pas même un obscur écrivain; malgré ces différences, et peut-être à cause de ces différences, votre dernier écrit m'a peu éclairé sur l'*état de la question*, il a même embrouillé mes idées; mais c'est probablement ma faute, et voilà pourquoi je viens vous soumettre mes humbles observations.

Et d'abord, Monsieur, je vous dirai que je me contente assez peu de certains mots vagues et élastiques, tels que *principes, prérogative, souveraineté*, etc., ce qui ne m'empêche pas d'avoir pour eux le plus grand respect. J'aime assez d'aller au fond des choses; c'est une habitude de provincial qui fait peu d'honneur à mon intelligence, mais qu'il faut bien me passer parce que je ne saurais m'en défaire. Aussi, dès le début de votre opuscule, je me trouve arrêté par ces mots : *Les principes sont tout pour moi et je me soucie bien du reste !....*

De quels principes entendez-vous parler? s'il vous plaît; c'est probablement de ceux de la politique et du Gouvernement? mais ne savez-vous pas qu'ils ne sont pas les mêmes pour tout le monde, et que chacun les entend à sa manière?

Les uns ont pour principe la légitimité, les autres la souveraineté du peuple.

Et encore que de nuances!....

Parmi les partisans de la légitimité, il y a :

Ceux qui la veulent avec un roi absolu;

Ceux qui la veulent avec un gouvernement représentatif;

Ceux qui la veulent avec la Charte;

Ceux qui la veulent avec le vote universel;

Ceux qui la veulent avec les États-Généraux.

Parmi les partisans de la souveraineté du peuple, il y a:

Ceux qui la veulent avec un roi et des ministres responsables;

Ceux qui la veulent avec la Charte de 1830;

Ceux qui font semblant de la vouloir avec cette Charte;

Ceux enfin, qui, comme vous, Monsieur, la veulent avec un roi décrépit et imbécile, d'autant plus constitutionnel qu'il sera plus incapable;

Avec une Chambre des pairs, *simple décoration.*

Avec une Chambre des députés, *omnipotente.*

Vous le voyez ! avec autant d'interprétations , pensez-vous que j'ai tort d'aimer les définitions ?

Mais quels que soient les principes dont vous parlez, que sont-ils sans ce que vous appelez *le reste?* des principes inféconds, des causes sans effets. Sans doute, il faut admettre des principes, mais pour moraliser le pays, pour en tirer d'utiles conséquences, pour en faire une règle certaine et non inflexible, et jamais les admettre si absolument qu'on ne se soucie plus du *reste*, car ce reste, d'après vous-même, c'est la coalition, c'est le Ministère, c'est la Chambre, c'est le pays. Or je ne suis pas de ceux qui disent : Périsse la France plutôt qu'un principe!....

Il paraîtrait que c'est assez votre avis; mais alors une fois les principes garantis, pourquoi vous inquiéter du *reste dont vous vous souciez peu?* pourquoi vous voiler la tête, pourquoi crier que tout est perdu, que l'abomination de la

désolation est partout !.... Toutefois, si cela n'est pas logique, cela
est magnanime. Il est beau de pren-
dre la plume quand on pense qu'a-
vec une demi-douzaine de pages,
on va sauver le pays.

Mais ne craignez-vous pas qu'en
prodiguant l'injure et la violence,
au lieu de la lumière, vous ne por-
tiez le trouble dans les esprits, au
lieu de pousser à l'ordre, vous ne
provoquiez à l'anarchie ? Que penseriez-vous d'un homme qui, pour
sauver une maison, y mettrait le
feu ? que penseriez-vous d'un mé-

decin qui tuerait un malade dans l'espoir de le ressusciter mieux portant et mieux constitué?

Avant d'examiner si vous avez saisi le véritable état de la question, je veux dire un mot sur l'ensemble de votre pamphlet. Il peut se résumer par cette phrase que j'y trouve : *La Charte a établi que la nation serait représentée par la Chambre élective, qu'elle serait servie par des ministres responsables, et que le monarque se contenterait de régner.*

Je vous en demande bien pardon, nulle part la Charte n'a établi que la Chambre élective SEULE représenterait la nation.

La Charte attribue la puissance législative collectivement au Roi, à la Chambre des pairs à la Chambre des députés (1).

Il y a donc trois pouvoirs dans l'État, le Roi et les deux Chambres. Chacun de ces pouvoirs a ses li-

(1) Art. 14. La puissance législative s'exerce collectivement par le Roi, la Chambre des pairs et la Chambre des députés.

mites, chacun doit avoir une indépendance assurée.

Que si vous voulez donner l'omnipotence à l'un d'eux au détri-
ment des deux autres, vous violez
la constitution, et c'est là, Monsieur, la continuelle erreur de
votre écrit : vous faites la Chambre
élective toute-puissante, et vous
effacez les deux autres pouvoirs
devant cette puissance.

Ce parti pris vous fait tomber
tout d'abord en contradiction avec
vous-même. Vous reconnaissez

que *la souveraineté du peuple a trois agents : le Roi, la Chambre et les Ministres*, et malgré cette déclaration, vous annulez le pouvoir du Roi devant celui des Ministres, et celui des Ministres devant la Chambre.

Je vais vous suivre dans cette division adoptée par vous-même.

# DE LA PRÉROGATIVE ROYALE.

Vous dites que *le Roi doit se contenter de régner*.

Ouvrons la Charte :

Lorsque la Charte fixe les limites du pouvoir royal, elle écrit en tête de ce chapitre : *Formes du gouvernement du*

*Roi*, entendez-vous, Monsieur, *le gou-vernement du Roi*?

Lorsque les Députés de 1830, assemblés le 9 août, firent prêter serment au Roi de garder la constitution du pays, ils lui firent jurer de *gouverner* selon les lois du royaume (1)! gouverner et non pas régner.

(1) Voici la formule de ce serment : Je jure d'observer fidèlement la Charte constitutionnelle avec les modifications exprimées dans la déclaration ; de ne GOUVERNER que par les lois et selon les lois ; de faire rendre bonne et exacte justice à chacun selon son droit ; et d'agir en toute chose dans le seul vœu de l'intérêt, du bonheur et de la gloire du peuple français. ( *Moniteur* du 10 août, procès-verbal de la séance de la Chambre des pairs et de la Chambre des députés réunies. )

Vous le voyez, ce mot que vous jugez inconstitutionnel se trouve dans la constitution, et les interprètes naturels de cette constitution, ceux qui venaient de la faire, le confirmèrent en le mettant dans la bouche du Roi.

Mais, dites-vous, le Roi est inviolable, il est inviolable parce qu'il est impeccable, il est impeccable parce qu'il ne peut rien faire.

Non, Monsieur, le Roi n'est pas impeccable parce qu'il ne saurait rien faire, il est impeccable parce qu'il a des Ministres responsables. Et s'il en était autrement, la Charte aurait-elle eu besoin de déclarer l'inviolabilité du Roi ? Est-ce qu'il faut une constitution pour déclarer qu'un homme qui ne fait rien ne saurait mal faire ? la Charte déclarant que le Roi est impeccable parce qu'il ne peut rien, aurait fait un acte aussi absurde que la Convention décrétant l'existence de Dieu et l'immortalité de l'âme.

L'inaction absolue à laquelle vous condamnez le Roi vous amène à cette singulière proposition : *Un monarque inviolable peut être impunément enfant, décrépit, femme ou fou.* Je dis plus, Monsieur, je dis que dans votre système le Roi doit avoir la faiblesse

d'un enfant ou d'une femme, la décré-
pitude d'un vieillard, l'imbécillité d'un
fou, car quel est l'homme de quel-
que valeur qui voudrait accepter une
royauté aussi humiliée, une royauté
sans sceptre ni couronne.

Voyez où vous amène l'abus de la
logique : vous avez exposé les prérogatives du Roi, auquel vous reconnaissez
que la *Charte a fait une part immense.*
Vous leur avez donné pour *contre-
poids* la responsabilité des Ministres.
Jusque là, c'est bien ; mais voilà que
maintenant vous refusez au Roi la jouis-
sance de ces prérogatives, vous lui refusez même tout acte de liberté. Vous

le réduisez á la condition *d'un enfant*, *d'un vieillard décrépit*, *d'une femme ou d'un fou.*

Étrange aveuglement ! monstrueuse aberration !.... Continuons.

DE LA CHAMBRE DES DÉPUTÉS.

Ayant refusé le pouvoir au Roi et à la Chambre des pairs, vous dites qu'il est *constitutionnellement placé dans la Chambre des députés.* Vous ajoutez : *c'est parce qu'elle est élective et indépendante qu'elle tire le pouvoir de sa source, de la souveraineté nationale.*

Non, Monsieur, la Chambre ne tire

pas son pouvoir de la souveraineté nationale, elle le tire de la constitution. Les
mandataires d'un député ne sauraient
lui donner une mission qui dépasserait
les limites de la Charte, or la Charte,
nous l'avons vu, n'accorde point à la
Chambre des députés l'*omnipotence*
dont vous parlez ; elle ne lui laisse pas
*voter annuellement lois, hommes, ar-*
*gent* comme vous voulez bien le dire ;
elle lui adjoint à cet effet les deux autres pouvoirs, la Chambre des pairs et
le Roi, dont la sanction lui est indispensable (1).

(1) Art. 40. Aucun impôt ne peut être établi
ni perçu, s'il n'a été voté par les deux Chambres
et consenti par le Roi.

Je ne m'arrêterai pas aux injures que vous jettez à la Chambre des pairs, elles ne m'étonnent pas : comme la Pairie est un des trois pouvoirs de l'État, elle vous embarrasse singulièrement et vous lui prodiguez le dédain et l'insulte. Je veux vous dire cependant ce qu'est la Chambre des Pairs : dans l'esprit de la constitution, elle représente l'instinct conservateur des positions acquises, elle se compose des notabilités consacrées par le temps, c'est enfin une portion essentielle du gouvernement représentatif, et les droits en sont écrits dans la Charte à côté de ceux de la Chambre élective.

Donc, pas plus que la Chambre des pairs, la Chambre des députés ne tient *entre ses mains, par la menace éventuelle et pendante du refus de l'impôt, tous les services généraux, la marine, l'armée, la dette publique, et jusqu'à la liste civile.* Quant à la liste civile, ni la Chambre des députés, ni la Chambre des pairs ne peuvent refuser de la voter ; et cela par une bonne raison, parce qu'elles n'ont point à la voter (1).

Donc, selon la Charte, la Chambre

(1) Art. 19. La liste civile est fixée pour toute la durée du règne par la première législature assemblée depuis l'avénement du Roi.

des députés ne fait pas seule les lois.

Donc la Chambre ne fait point les Ministres.

Donc à elle seule n'appartient pas le pouvoir.

## DES MINISTRES.

Les Ministres, dites-vous, *n'ont ni
le règne ni le pouvoir, ils ont le Gouvernement.*

Ici, encore, Monsieur, je m'aper-
çois que vous n'avez vu qu'une des faces
de la question : voulant tout donner à
la Chambre élective, vous avez outre-

passé les limites qui lui sont fixées par la Charte, vous l'avez vue seule indépendamment des pouvoirs qui l'entourent. D'un trait de plume vous avez rayé, dans la Charte, ce qui concerne la Chambre des pairs, et ce qui concerne le Roi ; mais pour faire la Chambre élective reine absolue, cela ne suffisait pas : il fallait soustraire le Ministère au Roi et le soumettre à la Chambre, cela ne vous a pas été difficile. La marche que vous avez adoptée plus haut pour dépouiller la Chambre des députés au profit de la Chambre des pairs, vous la suivez encore pour annuler l'autorité du Roi, vous dites donc :

*Ce n'est pas celui qui signe qui vérita-*
*blement gouverne, c'est celui qui con-*
*tresigne.*

En cela vous séparez celui qui signe de celui qui contresigne, ce qui est contraire à la Charte, car l'un ne peut rien sans l'autre. Vous oubliez de plus :

Que les Ministres sont nommés par le Roi (1);

(1) Art. 12. Ses ministres..... ( les ministres du Roi ). Art. 13... Le Roi..... nomme à tous les emplois d'administration publique.

Que le Roi peut leur refuser sa signature ;

Qu'enfin il peut les révoquer.

Ce qui ne vous empêche pas de reconnaître plus bas par une contradiction flagrante, que la puissance des Ministres *est bornée du côté du Roi par la révocation, et du côté de la Chambre par la mise en accusation et par le refus de concours.*

Mais voici un mot grave et que j'attendais, *le refus de concours.* C'est l'indispensable corollaire de ce sublime axiome : *le Roi règne et ne gouverne pas.*

Qu'est-ce que le refus de concours?

Si vous dites que la Chambre élective a le droit de refuser son vote à telle ou telle mesure mauvaise en elle-même, je suis de votre avis; si vous dites qu'elle a le droit de refuser ce vote à une mesure bonne pour faire crier merci à la royauté et chasser le Ministère, non, mille fois non. Eh! ne comprenez-vous pas tout ce que cette théorie a de dangereux et d'anarchique? Ne sentez-vous pas combien elle tend à rendre les ambitions ardentes et passionnées ? Ne voyez-vous pas qu'en détruisant la pondération des trois pouvoirs, elle renverse la Charte ?

— Eh ! mon Dieu, vous ne le comprenez que trop bien, et c'est pour cela que la coalition a été faite ; la coalition, dont vous faites partie, Monsieur, quoique vous n'en parliez pas.

Je n'en dirai qu'un mot.

La Charte garantit au Roi le libre choix de ses Ministres, ce qui ne vous empêche pas de dire formellement : *La souveraineté du pays se traduit pratiquement par la majorité des électeurs ;*

*la majorité des électeurs par la majo-
rité de la Chambre, la majorité de la
Chambre par les Ministres de cette
majorité. Donc, la dernière expres-
sion de la souveraineté du pays est,
d'après la Charte, le gouvernement
parlementaire.*

J'avoue que cette phrase est pour
moi le renversement de toutes les idées
constitutionnelles. Comment, Monsieur,
de ce que le Ministère doit avoir la majorité, vous concluez qu'il doit être fait
par la majorité! Mais s'il n'y a pas à la
Chambre de majorité, si cette majorité
ne se dessine pas franchement, si elle
se fractionne en mille nuances, si pour

lutter contre le Ministère elle est obli-
gée de réunir les hommes représentant
les plus divergentes idées, comment est-
il possible que cette majorité numérique
et non compacte fasse un Ministère?

Je supppose que le Roi cède et que
le Ministère tombe, c'est bien ; mais
alors où le Roi prendra-il un nouveau cabinet ? dans la coalition, dites-vous. Ce
ne peut être que dans une partie de la
coalition. Mais cette portion devenue
Ministère se trouvera demain en minorité, et la lutte sera à recommencer.

Sans nul doute, le Roi doit céder au
vœu du pays, mais au moins faut-il que

le pays exprime ce vœu clairement et franchement.

Sortons des généralités.

La Chambre élective qui vient d'être dissoute était scindée en deux parts : d'un côté 213 députés formaient une coalition pour renverser le Ministère, de l'autre 221 députés s'étaient réunis pour soutenir ce Ministère.

En fait, la coalition a eu la minorité.

Elle reprochait au ministère de n'être pas parlementaire ?

Le Ministère a abordé le front dé-
couvert toutes les questions de cabinet
qui lui ont été posées, il les a résolues.

La coalition reprochait au Ministère
de n'être que l'organe de la volonté du
Roi.

J'ai déjà montré combien ce mot est
irrationnel.

La Chambre élective elle-même a fait
justice de ces accusations en détruisant
pièce à pièce le manifeste de la coalition, cette adresse, monstrueux as-
semblage des idées les plus divergentes
et les plus contradictoires.

Et cependant le Ministère s'est retiré, il n'a pas cru avoir une majorité suffisante, il en a appelé au pays ! que le pays prononce !

La coalition ne sachant aucun gré au Ministère de cet acte de soumission aux idées constitutionnelles, en a fait au contraire un grief de plus contre lui. Elle a continué ses attaques.

A elle seule l'indépendance des opinions et la pureté des principes.

Les 221, majorité de la Chambre élective, ne sont que des hommes vendus, qui veulent *cumuler malgré*

leur radicale incomptabilité les hon-
neurs du législatif avec les bénéfices
de l'exécutif, des gens de cour qui
devraient se contenter de rester chez
eux à thésauriser de bonnes piles
d'écus, à parader, à caracoler, à
danser, à chanter, à bien manger et
à bien boire.

Ce sont vos propres paroles, Monsieur.

Voici la réponse de ces hommes
que vous calomniez, je ne l'invente
pas. Elle est sortie de la bouche d'un
d'entre eux dont la réputation de

loyauté est égale à la réputation de talent :

« Ce ne sont pas des personnes, ce ne sont pas des positions de pouvoir pour nous ou nos amis que nous devons défendre ici ; que nous importe ? Nous sommes dans cette admirable condition de désintéressement personnel que , parmi les deux cent vingt-six députés qui siégent ici , il ny en a pas un seul qui regrette ou qui désire le pouvoir pour soi.

» Non, il ne s'agit pas de personnes, il ne s'agit pas de noms propres ; nous n'en prononcerons jamais un. Réunis

pour préserver la constitution tout en-
tière, l'inviolabilité des trois pouvoirs et
le principe de paix en Europe, nous ne
donnerons pas le funeste exemple de
violation de la prérogative indépendante
de la couronne que nous avons défen-
due. Quand le pays aura été consulté,
quand la Couronne aura fait ses choix
conformes au sens produit par le pays,
alors seulement, alors constitutionnellement, nous aurons dans une autre en-
ceinte à examiner la signification des
noms qui seront au pouvoir; car sous
le gouvernement représentatif les choses
se personnifient; les hommes signifient
des choses. Si les noms des Ministres
signifient la constitution, le respect des

prérogatives réciproques, le maintien des principes de paix entre les nations, le maintien de cette dignité nationale au dehors, qui est elle-même une glorieuse condition de la paix, nous voterons pour eux.

»Si ces noms, au contraire, signifient la violation parlementaire de la prérogative, le désordre semé dans les pouvoirs et dans la Chambre, la défection aux principes anciennement professés; s'ils signifient la politique révolutionnaire au dedans, turbulente au dehors, les traités déchirés, l'Europe inquiétée, et l'excitation du mouvement militaire substituée au développement pacifique et constitutionnel de la liberté et de la prospérité du pays ; nous sortirons des rangs, et nous constituerons contre ces hommes, avec tous les amis de la liberté sincère, la plus forte et la plus invincible opposition que le pays ait jamais vue ; une opposition appuyée d'une main sur les intérêts du sol, de l'industrie, du commerce, et de l'autre sur les intérêts du progrès par la liberté, la liberté et la paix, la paix pour la liberté, la liberté par la paix ; voilà notre programme tout entier, notre programme d'aujourd'hui, notre programme de demain, notre programme dans la majorité, notre programme dans l'opposition ; celui-là ne trompe personne, c'est celui de l'époque, c'est celui de la France ; il faut que la France et la liberté périssent, ou que ce programme triomphe par l'union des hommes d'ordre, et par le bons sens du pays (1). »

Voilà de belles et nobles paroles, Monsieur.

Ainsi agissant d'après la constitution, le Ministère s'est retiré devant la minorité, parce qu'il ne jugeait pas la majorité assez tranchée.

Le Roi a consulté le pays.

(1) Discours prononcé par M. de Lamartine à une séance de la réunion Jacqueminot, et adressé à ses commettants.

Quoi de plus sage, de plus moral, de plus constitutionnel !

Résumons :

Après avoir exprimé les théories inconstitutionnelles que nous venons de réfuter, vous vous exprimez ainsi : *Il n'y a personne maintenant qui ne puisse reconnaître et dire, d'après ce qui précède, et la Charte à la main, quand le gouvernement représentatif se trouve dans le faux et quand il se trouve dans le vrai.*

Je crois avoir acquis le droit de me servir de ces expressions avec plus de raisons que vous, Monsieur, vous avez dénaturé, torturé, faussé le sens de la Charte; je l'ai rétabli. Il est facile de voir de quel côté est la raison, de quel côté la bonne foi.

Vous avez dit que, d'après la Charte, la Chambre élective représentait la nation.

Je vous ai répondu, la Charte à la main, que seule la Chambre ne saurait représenter le pays (1).

Vous avez dit que la Charte vou-

_(1) Ait. 14.

lait que le Roi se contentât de régner.

Je vous ai montré le gouvernement du Roi écrit en propres termes dans la Charte (1).

Vous avez dit que la Chambre votait annuellement lois, hommes et argent, et jusqu'à la liste civile.

Je vous ai fait lire dans la Charte qu'elle ne votait pas seule l'impôt, et qu'elle n'avait à voter qu'une fois par règne la liste civile (2).

(1) Art. 12 , en tête du chapitre.
(2) Art. 40 et 19.

Vous avez dit que la Chambre faisait les Ministres.

Je vous ai fait voir la Charte donnant au Roi seul le droit de nommer les Ministres, et les appelant Ministres du Roi (1).

Vous avez dit que la Chambre des pairs était une décoration de la Charte.

Je vous ai montré la Charte rendant le Roi et la Chambre des députés impuissants sans le concours de la Chambre des pairs (2).

(1) Art. 12 et 13.
(2) Art. 20.

J'aurais donc le droit de dire que vous avez sciemment menti au pays, que vous vous êtes servi de la Charte comme d'une arme déloyale que l'on cache à son ennemi en le frappant par derrière, j'aime mieux croire que vous vous êtes laissé emporter par l'ardeur du parti pris, par la pente irrésistible de l'épigramme et de l'injure, par cette soif de popularité qui mène la plume plus loin que l'esprit ne voudrait aller.

La popularité ! c'est là une gloire facile, Monsieur, c'est celle de tous les tribuns, de ces hommes qui aiment mieux flatter les passions populaires que leur résister.

Sur cette route, les triomphes ne manquent pas, les palmes sont nombreuses, les ovations bruyantes, les étreintes passionnées.

Mais malheur à celui qui tombe du pavois! malheur à cet homme, car ceux qui le portaient le foulent aux pieds, les bouches qui le louaient le maudissent, les mains qui le caressaient le déchirent, ses palmes deviennent le fouet de Némésis, sa couronne n'est plus qu'une couronne d'épines.

Pour ceux qui ne veulent pas suivre

le char banal des triomphateurs populaires, combien la route est diffé-
rente! Il n'est sorte d'outrages dont on
ne les abreuve, d'insultes qu'on ne leur
prodigue, de calomnies dont on ne les
poursuive. On les appelle des hommes
corrompus et corrupteurs, des flatteurs
de la Cour comme s'il y avait une Cour.
Ah! ce n'est pas la Cour qui a des
flatteurs aujourd'hui, c'est la Presse,
c'est la Tribune, c'est le Peuple; le
peuple que vous encensez à genoux,
le peuple que vous trompez, le peuple
qui vous maudira un jour parce
qu'ayant semé la haine vous recueille-
rez la vengeance!...

Il est une chose qu'il faut dire, qu'il faut répéter sous toutes les formes et dans tous les langages. Ce n'est pas abjurer son indépendance que de défendre le pouvoir. L'homme que sa conscience pousse à le couvrir de son corps, est d'autant plus louable, que s'il tombe dans la mêlée, il n'a souvent pour récompense que la conscience d'avoir bien fait.

Courage donc ! Electeurs du pays, nous pouvons parler haut, marcher tête levée, si en défendant le pouvoir nous sommes sûrs de défendre la Charte.

Et pour conclure comme vous, Monsieur, en rectifiant toutefois vos assertions inconstitutionnelles ;

A la nation le maintien de la Charte jurée ;

Au Roi, à la Pairie, à la Chambre des députés, la puissance législative ;

Au Roi et aux Ministres, le gouverment ;

Au Roi l'inviolabilité ;

Aux Ministres la responsabilité.

Si veut la Charte, si veulent le Roi et le pays.

C'est là, je crois, le véritable *Etat de la question*.

IMPRIMERIE ET FONDERIE DE FAIN,
Rue Racine, n. 4, Place de l'Odéon.